e

Made in the USA
Monee, IL
16 December 2019

18772810R20056